El Poder del Hambre

El Poder del Hambre

El Poder del Hambre

ISBN: 979-8-9880568-4-3

El Poder del Hambre
No sabes de lo que eres capaz, hasta que el hambre te obliga a descubrirlo.
Aarón Cáceres
1ª Edición

© 2024 Carey GT LLC / Aarón Cáceres

Todos los derechos reservados. Esta publicación no puede ser reproducida, ni en todo ni en parte, ni registrada en o transmitida por un sistema de recuperación de información, en ninguna forma ni por ningún medio, sea mecánico, fotoquímico, electrónico, magnético, por fotocopia o cualquier otro, sin el permiso previo, por escrito del editor.

Diseño de portada: Linda Reynoso
Edición: Aarón Cáceres

Dedicatoria

A Dios,

Quien en cada paso y en cada adversidad, incluso sin yo merecerlo, siempre estuvo ahí. Nunca me dejó solo. Su mano me sostuvo en los momentos más oscuros, y su amor incondicional fue la luz que iluminó mi camino.

A mi esposa,

Compañera incansable en este arduo viaje. Gracias por compartir conmigo los momentos más duros y ser parte de esta historia. Tu apoyo, tu equilibrio y tu fe en mis sueños locos han sido fundamentales para que llegáramos hasta aquí. Juntos hemos enfrentado riesgos y construido una vida que refleja nuestro esfuerzo, nuestra fe y nuestra determinación.

A mis hijos, la niña valiente de papi Nicole y mi campeón Derek,

Mi fuerza en medio de la debilidad, mi razón para seguir adelante. Ustedes me han ayudado a encontrar energía incluso cuando creía que ya no quedaba nada en mí. Cada día me esfuerzo por ser alguien digno de ustedes, porque su amor y su luz son mi mayor motor.

A mis padres,

Que me dieron todo, pero también la libertad de elegir mi propio camino, aun cuando fuera el más difícil, lleno de golpes y caídas. Ellos sufrieron conmigo cada tropiezo, compartiendo mi dolor, pero también creyendo en mi capacidad de levantarme. Su amor y apoyo constante sacaron lo mejor de mí, incluso en los momentos en los que todo parecía perdido.

Y a ti, querido lector,

Que has tomado la decisión de embarcarte en esta fascinante historia. Tu valentía de seguir luchando, incluso en medio del dolor, refleja la esencia de lo que significa no rendirse. Espero que estas páginas te inspiren, que encuentres en ellas la chispa para reinventarte, descubrir quién eres y sacar lo mejor de ti en medio de cualquier adversidad. El verdadero triunfo siempre viene después de los momentos más difíciles, por que es ahí en medio del dolor, de las pruebas, del hambre que nace la fuerza que necesitas para levantarte.

Con todo mi corazón,

Aarón Cáceres

El Poder del Hambre

Prólogo
El Llamado del Hambre

> *"Hay un momento en la vida en el que te das cuenta de que no puedes retroceder. Un momento en el que el hambre —física, emocional, espiritual— se convierte en el motor que te obliga a moverte, incluso cuando todo dentro de ti quiere rendirse. Este libro es sobre ese momento."*

La vida no es fácil. Es una selva. Una selva llena de trampas, de depredadores que esperan tu caída, de caminos oscuros que parecen no tener salida. Pero también es una selva llena de lecciones, de oportunidades, de fuego que no te destruye, sino que te transforma.

Tal vez te sientas como el lobo solitario que vaga sin rumbo, cargando cicatrices que nadie más puede ver. Tal vez te has preguntado si alguna vez encajarás, si alguna vez encontrarás tu lugar. Tal vez has tocado fondo, hambriento, agotado, con las fuerzas al límite, preguntándote si vale la pena seguir adelante.

Déjame decirte algo: no estás solo. Nunca lo has estado, Dios definitivamente está a tu lado. Y el hambre que sientes no es un castigo; es una señal. Es el llamado de algo más grande que tú, una invitación a descubrir de qué estás hecho.

El Poder del Hambre

Cuando era pequeño, no entendía por qué las cosas parecían siempre más difíciles para mí. Las cicatrices en mi piel, las pruebas que parecían no tener fin, el rechazo, la soledad... todo eso parecía castigarme. Pero con el tiempo, aprendí que no eran castigos. Eran herramientas. Eran las manos invisibles de Dios moldeándome, preparándome para algo más grande.

El hambre me enseñó algo que nunca olvidaré: no sabes lo que eres capaz de hacer hasta que no tienes otra opción. Hasta que la vida te lleva al borde del abismo y te obliga a saltar. Y cuando saltas, descubres algo extraordinario: tienes alas.

Este libro es mi historia. Pero también podría ser la tuya. Es la historia de un lobo solitario que aprendió que la soledad no es el final, sino el principio. Que el hambre no es un enemigo, sino un maestro. Que las cicatrices no son marcas de derrota, sino trofeos de victoria.

"El hambre no te destruye, te construye. Cada vez que tocas fondo, encuentras una fuerza que no sabías que tenías."

Un Camino que Vale la Pena

No voy a mentirte. El camino es difícil. Habrá momentos en los que sentirás que no puedes más. Habrá días en los que el dolor será tan intenso que querrás rendirte. Pero también habrá momentos de luz, momentos de triunfo, momentos en los que mirarás hacia atrás y te darás cuenta de que todo valió la pena.

Dios no nos abandona en el fuego. Nos acompaña, nos fortalece, nos guía. Este libro no es solo un relato de lo que enfrenté, sino una invitación para que te levantes, para que uses tus propias pruebas como trampolines hacia algo más grande. Porque el hambre que hoy sientes es la fuerza que mañana te hará invencible.

¿Estás Listo?

A lo largo de estas páginas, recorrerás la selva conmigo. Vivirás los momentos de caída, de lucha, de transformación. Verás cómo el lobo solitario encuentra su lugar, cómo las cicatrices se convierten en lecciones y cómo el hambre se transforma en propósito.

Pero no quiero que leas este libro como un simple espectador. Quiero que lo sientas, que te veas reflejado en él. Porque esta no es solo mi historia. Es la historia de todos los que alguna vez han sentido que no pertenecen. De todos los que han tocado fondo y han tenido que luchar para levantarse. De todos los que saben que están destinados a algo más grande.

El hambre nos une. Nos empuja. Nos transforma. Y cuando aprendemos a escuchar su llamado, nos damos cuenta de que no importa cuán oscuro sea el camino, siempre hay una luz esperando al final.

¿Estás listo para descubrir el poder del hambre? Si es así, toma estas páginas y hazlas tuyas. Porque esta historia apenas comienza.

Índice

PRÓLOGO: EL LLAMADO DEL HAMBRE 7

CAPÍTULO 1: EL LLAMADO DEL LOBO SOLITARIO 13

CAPÍTULO 2: TOCAR FONDO 17

CAPÍTULO 3: LA VOZ EN EL SILENCIO 21

CAPÍTULO 4: LA ESCUELA DEL FUEGO...25

CAPÍTULO 5: TRAICIONES Y CAÍDAS...29

CAPÍTULO 6: EL SALTO AL VACÍO..33

CAPÍTULO 7: EL PRIMER ÉXITO 37

CAPÍTULO 8: TRANSFORMANDO EL HAMBRE........................... 41

CAPÍTULO 9: EL VALLE DE LAS SOMBRAS 45

CAPÍTULO 10: EL PICO DE LOS DESAFÍOS 49

CAPÍTULO 11: EL REGRESO DEL LOBO SOLITARIO 53

EPÍLOGO: RENACER DE LAS SOMBRAS 59

El Poder del Hambre

Capítulo 1

El Llamado del Lobo Solitario

"En la selva, cada paso puede ser el último, pero también el primero hacia algo más grande."

La selva rugía con vida. Los árboles se erguían como centinelas, y en el aire flotaba el aroma de la tierra húmeda tras la lluvia. Bajo ese dosel de sombras y claros, un joven lobo solitario avanzaba con cautela. Había aprendido a sobrevivir en un mundo donde cada ruido, cada olor y cada movimiento podían ser una señal de peligro.

Desde que salió del nido, el lobo solitario entendió que la selva no perdonaba los errores. A los pocos meses de vida, su curiosidad lo llevó a un claro donde el suelo olía extraño, diferente. Era un rastro de algo que no pertenecía al bosque. Mientras exploraba, un chasquido rompió el silencio. De repente, su pata quedó atrapada en una trampa de cazador, un aro metálico que se cerró con violencia, cortando su piel y reteniéndolo en el suelo.

El dolor fue inmediato y brutal. Se retorció, aullando con todas sus fuerzas, pero la selva permaneció indiferente. Los pájaros callaron, y el eco de su agonía se perdió entre los árboles. La sangre comenzaba a manchar el suelo, y el lobo supo que no tenía mucho tiempo. Si no llegaban los cazadores, serían los depredadores quienes lo encontrarían primero.

"No puedo morir aquí," pensó.

Entre el miedo y el dolor, algo dentro de él despertó. Con los dientes y la fuerza que le quedaba, comenzó a morder el aro. Su mandíbula dolía, sus patas flaqueaban, pero no se rindió. Finalmente, tras horas de lucha, el metal cedió. Cojeando y con la pata herida, se refugió en una cueva cercana, lejos del claro traicionero.

Esa cicatriz nunca desaparecería, pero tampoco su enseñanza:

> *"En la selva, cada trampa es una lección disfrazada de peligro."*

Las pruebas no terminaron ahí. La selva parecía empeñada en forjarlo a través del dolor. A medida que crecía, el joven lobo enfrentó ataques de depredadores más fuertes, como jaguares y serpientes, aprendiendo a confiar en sus instintos para sobrevivir. Pero la vida en soledad tenía un precio. Una noche, mientras exploraba un río en busca de agua, escuchó los gruñidos de una manada cercana. No eran su familia; eran lobos de otra manada que lo consideraban una amenaza. Antes de que pudiera reaccionar, lo atacaron, dejando marcas en su costado y arrancándole un trozo de oreja.

Esa noche, bajo las estrellas, el lobo solitario lamió sus heridas y reflexionó. Aunque estaba solo y herido, algo en su interior se negó a rendirse. En su mente resonaban las palabras de su madre, que lo habían acompañado desde cachorro:

> *"La selva puede quebrarte, pero no puede destruirte si no te dejas."*

A partir de ese momento, comenzó a cambiar. Ya no era solo un cachorro curioso; ahora era un sobreviviente. Aprendió a leer los signos de peligro: las ramas rotas que indicaban la presencia de cazadores, los rastros de olor que advertían de los depredadores. Cada herida se convirtió en una lección, y cada lección, en una herramienta para enfrentarse a un mundo hostil.

El lobo solitario descubrió que el hambre era su mayor maestro. En una ocasión, pasó días sin cazar nada, debilitado y al borde de desmayarse. Su instinto le decía que debía descansar, pero su hambre le susurraba otra cosa: *"Muévete. No te detengas. Si no encuentras comida, te convertirás en comida."* Esa fue la primera vez que cazó a un ciervo él solo, superando el dolor de su pata herida y la desconfianza en sus propias fuerzas.

La Tormenta del Cambio

Una noche, la selva lo enfrentó a su mayor prueba: una tormenta que convirtió los caminos en ríos y los claros en trampas de lodo. Buscando refugio, el lobo cayó en un barranco lleno de raíces y ramas que lo atraparon. Intentó liberarse, pero la lluvia era tan intensa que parecía que la selva misma lo quería hundir. Cansado y casi sin fuerzas, recordó el día en que mordió el metal de la trampa para liberarse. Ese recuerdo lo llenó de determinación.

Con un último esfuerzo, se levantó, usando las raíces como apoyo para salir del barro. Cuando finalmente llegó a un lugar seco, colapsó bajo un árbol caído. Respiraba con dificultad, pero estaba vivo. Más importante aún, había aprendido algo nuevo:

> *"No importa cuántas veces la selva intente hundirme, siempre hay una salida para quien no deja de buscarla."*

Con el tiempo, el lobo solitario dejó de temer a la selva. **No porque se volviera menos peligrosa, sino porque él se volvió más fuerte**. Cada cicatriz que llevaba en su cuerpo era un trofeo, cada herida, un recordatorio de que la vida no es para los que temen, sino para los que luchan. Y aunque aún caminaba solo, ya no era el lobo asustado que un día cayó en una trampa. Ahora era un guerrero, listo para enfrentar lo que fuera.

Reflexión:

⇒ ¿Qué trampas has enfrentado en tu vida?

⇒ ¿Cómo te liberaste de ellas, o qué aprendiste al intentarlo?

⇒ ¿Cómo puedes usar tus cicatrices como marcas de orgullo, recordatorios de tu fortaleza?

Capítulo 2

Tocar Fondo

"En la selva, no importa cuántas veces caigas. Lo único que importa es si te levantas."

El lobo solitario se movía lento, arrastrando su pata herida mientras la luz del sol se desvanecía detrás de los árboles. Su cuerpo estaba cansado, desgastado por los constantes desafíos. Cada músculo le dolía, y el hambre le rugía en el estómago como si fuera otro depredador que lo acechaba desde dentro. Durante días, había intentado cazar sin éxito. Cada salto que hacía hacia una presa terminaba en fracaso, y su energía se agotaba rápidamente.

La selva parecía más hostil que nunca. Los ríos estaban secos, las presas eran escasas, y los depredadores más grandes parecían estar por todas partes. Esa noche, el lobo solitario encontró refugio bajo las raíces de un árbol gigante. Mientras lamía sus heridas, se dijo así mismo:

"Este es el final, no puedo más. La selva me ganó."

El Hambre como Maestro

Mientras la noche avanzaba, el hambre lo despertó. No era un hambre normal; era una necesidad primordial, una fuerza que no le permitía quedarse quieto. Su cuerpo estaba debilitado, pero su mente comenzaba a resistirse a la idea de morir ahí. Como en las veces anteriores, algo en su interior le susurró:

"No te rindas. Si no te mueves, te mueres."

Con un esfuerzo titánico, se levantó y comenzó a caminar. Sus pasos eran lentos, cada uno más pesado que el anterior. En su mente, una imagen lo impulsaba: la luna llena iluminando el cielo, como si le recordara que incluso en la oscuridad más profunda siempre hay algo que brilla, sabía que no podía detenerse.

En el camino, su hocico captó un rastro. Era débil, pero suficiente para encender una chispa de esperanza. El rastro lo llevó a un pequeño claro donde encontró una presa atrapada en una madriguera. Aunque su cuerpo protestaba, el hambre lo impulsó y se lanzó con la poca fuerza que le quedaba y atrapó al animal. Por primera vez en días, su estómago dejó de rugir. Esa comida, aunque pequeña, no solo le devolvió energía; le devolvió la voluntad y el deseo de seguir.

> *"El hambre no es mi enemigo," se dijo a sí mismo mientras lamía los restos de su presa. "El hambre es mi maestro. Me enseña a moverme cuando quiero rendirme. Me recuerda que aún estoy vivo."*

El Río de las Decisiones

Esa misma noche, el lobo solitario llegó a un río ancho y caudaloso. Sus aguas eran frías y rápidas, pero al otro lado del río había algo que brillaba: un ciervo joven, pastando entre los arbustos. Era una oportunidad única, pero para alcanzarlo tendría que cruzar el río. Con su pata herida y su cuerpo debilitado, la idea parecía imposible.

Se acercó al borde del agua y miró su reflejo. Apenas reconocía al lobo que veía: sus costillas marcadas, su oreja rota, sus ojos hundidos por el cansancio. Pero también vio algo más: la llama de la supervivencia, esa chispa que no se había apagado a pesar de todo.

> *"Si no cruzo, muero de hambre. Si cruzo, tal vez no lo logre. Pero al menos moriré intentando."*

Con esa determinación, se lanzó al agua. La corriente lo golpeó con fuerza, arrastrándolo hacia las rocas. Sus patas luchaban por mantenerse a flote mientras el frío mordía su piel. Por un momento, pensó que no lo lograría. Pero entonces recordó todas las veces que había superado lo imposible: la trampa de cazador, el ataque de los lobos rivales, la noche bajo la tormenta.

Con un último esfuerzo, alcanzó la orilla opuesta. Exhausto y temblando, levantó la cabeza y vio al ciervo. No tenía fuerzas para un ataque rápido, así que lo acechó con paciencia, moviéndose lento y silencioso. Finalmente, en el momento justo, saltó y atrapó a su presa. Esa victoria fue más que comida; fue la prueba de que aún podía enfrentarse a la selva y salir vencedor, motivado por el hambre.

La Noche de Reflexión

Esa noche, bajo un cielo lleno de estrellas, el lobo solitario se permitió descansar. Su cuerpo estaba cubierto de cicatrices nuevas, pero también de una sensación que no había sentido antes: orgullo. Había tocado fondo, pero no se había quedado allí. La selva había intentado quebrarlo, y aunque estuvo cerca, no lo logró.

Mientras observaba la luna, recordó las palabras que su madre le había dicho cuando era un cachorro:

> *"Cada vez que caigas, hijo, mira a la luna. Ella te recordará que la oscuridad nunca es permanente."*

El lobo solitario cerró los ojos y respiró profundo. Sabía que las pruebas no habían terminado. La selva siempre encontraría nuevas formas de desafiarlo. Pero ahora entendía algo que cambiaría su vida para siempre:

> *"El fondo no es un lugar para quedarse; es un lugar para impulsarse."*

Reflexión:

⇒ ¿Qué significa para ti tocar fondo?

⇒ ¿Cómo puedes usar el hambre como una fuerza para levantarte?

⇒ ¿Qué desafíos parecen imposibles ahora, pero podrían ser la clave para tu próxima victoria?

Capítulo 3

La Voz en el Silencio

"La selva habla en susurros, pero solo los que están dispuestos a escuchar pueden entenderla."

El lobo solitario se había fortalecido tras cruzar el río. Las heridas en su cuerpo eran testigos de las batallas que había librado, pero su espíritu, aunque lleno de cicatrices invisibles, se sentía más firme que nunca. Sin embargo, algo seguía pesando en su interior. En los momentos de quietud, cuando el peligro parecía estar lejos, una sensación de vacío lo invadía.

"¿Por qué sigo luchando? ¿Qué hay más allá de este hambre interminable?"

Una noche, mientras descansaba bajo un cielo despejado, una tormenta repentina lo obligó a buscar refugio en una cueva profunda y oscura. El sonido de la lluvia y el eco de los truenos lo envolvieron como un manto de caos. Allí, en medio de la oscuridad, estaba solo con sus pensamientos, una soledad que era más intensa que cualquier enfrentamiento con un depredador, recordando a su manada, cuidándose unos a otros, y el, un lobo solitario que no encajaba en una manada, se preguntaba:

"¿Qué estoy haciendo aquí? ¿Por qué no me rindo como tantos otros? ¿Quizá si me hubiese quedado, no estaría sufriendo? ¿Porqué no pude ser un lobo como los demás en mi manada?"

Por primera vez, el lobo solitario sintió el peso de su propia existencia. En la soledad de la cueva, rodeado por el rugir de la tormenta, se permitió detenerse. No había nadie que lo juzgara. Nadie para decirle que debía seguir. Nadie más que él y su silencio.

El Susurro Interior

De repente, en medio del eco ensordecedor de la tormenta, algo más captó su atención. No era un ruido externo; era una voz interior, suave pero clara. Era como un susurro que decía:

"Sigue adelante. No estás solo."

El lobo solitario levantó la cabeza, mirando hacia la entrada de la cueva, donde las gotas de lluvia caían como cortinas de cristal. Había algo en esas palabras, algo que resonaba más allá de su comprensión. Por un momento, sintió que esa voz no era suya, sino de algo o alguien más grande que él. Algo que lo había acompañado desde el principio, aunque nunca lo había notado.

"¿Quién eres?" pensó. Pero no hubo respuesta, solo el eco de su propia pregunta.

La tormenta comenzó a amainar, y con ella, el lobo sintió una nueva calma dentro de sí. Esa voz, aunque breve, había encendido una chispa. *"Tal vez no estoy tan solo como creo,"* pensó mientras salía de la cueva y observaba el amanecer. El cielo se pintaba de tonos dorados y naranjas, como si la selva misma le estuviera dando la bienvenida a un nuevo día.

El Encuentro con el Anciano

Esa mañana, mientras caminaba por un sendero poco transitado, el lobo solitario se encontró con algo inesperado: un lobo anciano, de pelaje gris y ojos profundos como la noche. El anciano no mostró hostilidad ni miedo; en cambio, lo miró con una mezcla de curiosidad y sabiduría.

El lobo solitario dudó, pero finalmente se acercó. El anciano no habló, pero con un simple gesto de su cabeza lo invitó a seguirlo. Lo llevó a un claro rodeado de árboles gigantescos, donde el suelo estaba cubierto de hojas secas. Allí, el anciano se sentó y finalmente habló:

"La selva no es tu enemiga, joven.

Ella te pone a prueba, porque sabe lo que tú puedes llegar a ser."

El lobo solitario lo miró, confundido. Nunca había visto a un lobo tan tranquilo en medio de un lugar tan caótico. El anciano continuó:

"Cuando la selva quiere moldear a un guerrero, primero lo lleva al límite. Te hará pasar hambre, enfrentar a depredadores y soportar la soledad. Pero si escuchas con atención, también te enseñará. Las respuestas están ahí, en el silencio."

El lobo solitario sintió que esas palabras eran la confirmación de lo que había escuchado en la cueva. Había algo en la selva, algo que lo guiaba y le daba fuerzas incluso cuando todo parecía perdido.

El Entrenamiento

Durante días, el anciano compartió su sabiduría con el lobo solitario. Le enseñó a observar los movimientos de las presas, a leer las señales del viento y a identificar los rastros de los cazadores. Pero más importante aún, le enseñó a confiar en sí mismo.

"El hambre que sientes no es solo física," dijo el anciano una noche. *"Es el llamado de tu espíritu para ir más allá. No luches contra ella. Úsala como tu aliada."*

El lobo solitario comenzó a entender que cada prueba no era un castigo, sino una preparación. La selva no intentaba destruirlo; intentaba convertirlo en algo más grande. En algo que ni él mismo podía imaginar.

La Partida

Una mañana, el anciano se levantó y miró al lobo solitario con una sonrisa tranquila.

"Es hora de que sigas tu camino. Lo que necesitas ya está dentro de ti."

El lobo solitario sintió una mezcla de gratitud y tristeza. No sabía si volvería a ver al anciano, pero algo en su corazón le decía que su tiempo juntos había sido suficiente. Mientras el lobo solitario se alejaba, sintió que cada paso era más firme, más decidido. Ya no era el mismo que había entrado en la cueva aquella noche de tormenta.

En su mente, la voz que había escuchado seguía presente, suave pero constante.

"No estás solo, solo sigue y no te detengas."

Reflexión:

⇒ ¿Qué voces internas te han guiado en los momentos más oscuros? ¿Las has escuchado o ignorado?

⇒ ¿Qué puedes aprender de los desafíos que parecen insuperables? ¿Cómo puedes usarlos para moldear tu carácter?

⇒ Dios en su infinita misericordia, siempre te hará saber que nunca estarás solo, que por muy dura que sea la lucha que estés viviendo, Él siempre estará ahí, solo escucha...

Capítulo 4
La Escuela del Fuego

"La selva no te rompe; te moldea. Pero primero, debe quemarte para revelar quién eres realmente."

El lobo solitario avanzaba por la selva, marcado por las cicatrices de sus batallas. Cada paso lo alejaba del anciano, pero no de sus enseñanzas. Aunque estaba más fuerte y decidido, sabía que la selva no se detendría. La próxima prueba estaba cerca, como un trueno en la distancia que anuncia la tormenta.

Una tarde, mientras el sol caía detrás de las montañas, el lobo encontró un claro donde el aire olía extraño, pesado, como si algo invisible estuviera acechando. El suelo estaba cubierto de cenizas, y los árboles alrededor parecían ennegrecidos por un incendio reciente. Algo en su instinto le dijo que debía seguir adelante, aunque su mente le gritaba que se detuviera.

"No tengo elección," pensó. "El hambre me llama, y la selva no espera."

El Abismo de Fuego

Mientras exploraba el claro, el lobo solitario escuchó un sonido que le heló la sangre: un rugido bajo, gutural, que no pertenecía a ningún animal conocido. Antes de que pudiera reaccionar, el suelo bajo sus patas se desmoronó, y cayó en un abismo oscuro. Al tocar fondo, sintió un dolor agudo en su costado. Había caído sobre unas rocas afiladas, y una de ellas le había cortado profundamente. La sangre manaba lenta pero constante, tiñendo el suelo a su alrededor.

Levantó la cabeza, pero la salida estaba muy alta. A su alrededor, solo había paredes de roca y silencio. La oscuridad lo envolvía, y por primera vez en mucho tiempo, el lobo solitario sintió que no podía salir. El dolor en su costado era insoportable, y cada respiración se sentía como si el fuego le consumiera por dentro.

"Esto es el fin," pensó. *"No puedo más."*

Por horas, permaneció allí, inmóvil, escuchando su propia respiración. Sus pensamientos se llenaron de dudas: *"¿Por qué sigo luchando? ¿Por qué la selva me odia tanto? ¿Acaso soy tan insignificante?"* Mientras el eco de sus preguntas llenaba el abismo, las lágrimas comenzaron a brotar de sus ojos. No había nadie para verlo, nadie para juzgarlo. Era un lobo solitario, roto, enfrentándose a la verdad de su existencia, preguntándose ¿Por qué yo?.

La Voz del Fuego

En medio de su desesperación, algo comenzó a cambiar. El aire en el abismo se calentó, y un resplandor rojo apareció en la distancia. El lobo solitario giró la cabeza y vio lo imposible: una corriente de lava avanzaba lentamente hacia él. El calor era insoportable, y el miedo volvió a apoderarse de su cuerpo.

"¿Así terminaré? Quemado, olvidado en este agujero?"

La lava se acercaba, y con ella, una voz. No era un sonido externo; era la misma voz que había escuchado en la cueva. Pero esta vez, era más fuerte, más urgente.

"Levántate."

El lobo cerró los ojos. "No puedo."

"Levántate. No has llegado hasta aquí solo para rendirte y morir."

Algo en esas palabras lo sacudió. Recordó al anciano, al río, a todas las veces que había estado al borde de rendirse. Recordó que cada herida, cada caída, lo había hecho más fuerte. Aunque su cuerpo estaba roto, su espíritu no lo estaba.

Con un esfuerzo titánico, se levantó. Sus patas temblaban, y el dolor en su costado era insoportable, pero se negó a quedarse en el suelo. *"Si voy a morir,"* pensó, *"no será acostado. Será de pie."*

El Ascenso

La lava se acercaba cada vez más, iluminando las paredes del abismo. En esa luz, el lobo solitario vio algo que no había notado antes: una grieta en la pared, un camino estrecho que ascendía hacia la salida. No era un camino fácil, y cada paso hacia la grieta le costaba más que el anterior. Pero el lobo solitario no se detuvo.

Con cada salto, sus heridas se abrían más, y sus fuerzas disminuían. Pero cada vez que el dolor amenazaba con detenerlo, la voz en su interior le gritaba: *"Un paso más. Solo un paso más."* Fue entonces cuando comprendió que la fuerza mental no solo resistía al dolor físico, sino que lo superaba, sacando energías de donde parecía no haberlas, empujando a su cuerpo a moverse cuando ya no podía más

Finalmente, después de lo que parecieron horas, alcanzó la cima. El aire fresco golpeó su rostro, y la luna iluminó su cuerpo ensangrentado y agotado. El lobo solitario cayó al suelo, no por debilidad, sino por gratitud. Había sobrevivido al fuego, y en ese proceso, algo dentro de él había cambiado.

El Renacimiento

Esa noche, mientras descansaba bajo las estrellas, el lobo solitario comprendió algo que el anciano no le había dicho: el fuego no era su enemigo. La selva no quería destruirlo; quería transformarlo. Cada prueba no era un castigo, sino una oportunidad para descubrir quién era realmente.

"La selva me quemó, pero no me destruyó," pensó. *"Ahora sé que soy más fuerte de lo que creía."*

El lobo solitario se levantó al amanecer, con el cuerpo adolorido pero el espíritu más firme que nunca. Sus cicatrices no eran señales de derrota; eran trofeos de sus victorias. Y aunque sabía que la selva seguiría poniéndolo a prueba, ahora estaba listo para enfrentarlo todo.

"Si he sobrevivido al fuego," pensó, "puedo sobrevivir a cualquier cosa."

Reflexión:

⇒ ¿Cuántas veces has sentido que no puedes más?

⇒ ¿Cómo te has levantado de esos momentos en los que crees que la vida te sofoca?

⇒ ¿Qué heridas llevas contigo que son prueba de tu fuerza y resiliencia?

⇒ El fuego puede destruirte o transformarte. ¿Qué elegirás tú?

Capítulo 5

Traiciones y Caídas

"Cuando confías en otros, corres el riesgo de caer.
Cuando confías en ti mismo, corres el riesgo de volar."

El lobo solitario caminaba bajo el cielo nocturno, guiado por la luz de las estrellas. Había sobrevivido al fuego, y aunque su cuerpo seguía marcado por las cicatrices, algo dentro de él había cambiado. Ahora entendía que cada desafío no era el final, sino el comienzo de algo nuevo. Pero lo que no sabía era que la selva no había terminado con él. Su próxima lección no vendría de un depredador o del hambre, sino de aquellos en los que decidió confiar.

La Manada Temporal

Una tarde, mientras exploraba un valle cubierto de hierba alta, el lobo solitario se encontró con un grupo de lobos. Había cinco en total, liderados por un macho imponente con ojos penetrantes. Al principio, el lobo solitario se mantuvo a la distancia, observando. Sabía que acercarse a una manada desconocida podía ser peligroso, pero también sabía que había fuerza en los números.

El líder de la manada lo miró con curiosidad, como si estuviera evaluando su valor. Después de unos momentos, el líder se acercó y, en un gesto inesperado, lo aceptó. Por primera vez en mucho tiempo, el lobo solitario sintió que no estaba solo. La manada lo acogió, le permitió compartir su comida y le ofreció un respiro de la soledad que había sido su única compañera.

"Tal vez ya no tengo que luchar solo," pensó. "Tal vez este
sea el comienzo de algo mejor."

La Traición

Por un tiempo, las cosas parecieron mejorar. Con la manada, el lobo solitario cazó con más éxito y encontró un propósito en proteger a los miembros más jóvenes del grupo. Pero, como la selva siempre le había enseñado, nada era lo que parecía.

Una noche, mientras dormía, algo lo despertó. Un murmullo bajo, seguido por un movimiento en las sombras. Se levantó de inmediato, alerta, pero antes de que pudiera reaccionar, sintió un impacto en su costado. Era el líder de la manada, que lo había emboscado junto con otros dos lobos.

"¿Por qué?" quiso preguntar, pero no hubo tiempo para palabras.

El ataque fue rápido y feroz. Aunque el lobo solitario luchó con todas sus fuerzas, el número estaba en su contra. Los lobos lo golpearon hasta dejarlo al borde del colapso, y cuando finalmente lo dejaron, lo abandonaron en el suelo, sangrando y confundido.

Desde lejos, escuchó al líder gruñir: *"Nunca fue uno de los nuestros. Solo fue útil mientras lo necesitábamos."*

El lobo solitario, debilitado, apenas podía moverse. Las palabras del líder lo perforaron más que los dientes. No era el dolor físico lo que lo quebraba, sino la traición. Había confiado, había bajado la guardia, y ahora estaba solo otra vez, peor que antes.

"¿Por qué la selva sigue castigándome?" pensó mientras las lágrimas se mezclaban con la sangre que caía al suelo. "¿Qué más quiere de mí?" ¿Existirá un lugar para mí?

El Momento de Decisión

Pasaron horas, y la noche avanzó. El lobo solitario, tendido en el suelo, sintió cómo el frío comenzaba a apoderarse de su cuerpo. Cada respiración era un esfuerzo, y cada latido parecía un recordatorio de que su tiempo se acababa.

Fue entonces cuando recordó las palabras del anciano:

> *"La selva no te rompe; te moldea. Pero solo si no te rindes."*

Algo en esas palabras encendió una chispa. El lobo solitario apretó los dientes y, con un esfuerzo que parecía imposible, se levantó. Tambaleante, comenzó a caminar. Cada paso era una batalla contra el dolor, pero no se detuvo. En su mente, una voz repetía:

> *"No es la primera vez que caes, y no será la última. Pero siempre te has levantado."*

El lobo solitario no sabía a dónde iba, pero sabía que no podía quedarse allí. Su instinto le decía que la traición no era el final, sino una lección más. Mientras avanzaba, la noche comenzó a transformarse. El cielo negro dio paso a los primeros rayos de sol, y con ellos, una nueva esperanza.

La Luz al Final del Camino

Después de lo que parecieron horas, el lobo solitario llegó a una colina. Desde la cima, pudo ver algo que nunca había visto antes: un vasto horizonte, lleno de montañas, ríos y valles verdes. Era como si la selva le estuviera mostrando que, a pesar de todo el dolor, aún había más por descubrir. Más por vivir.

En ese momento, el lobo solitario entendió algo profundo:

> *"Las caídas no son castigos; son pruebas. Y las traiciones no son finales; son redirecciones."*

Aunque había perdido a la manada, había ganado algo mucho más valioso: la certeza de que no necesitaba depender de nadie más que de sí mismo y de la fuerza que siempre había llevado dentro.

Mientras el sol se alzaba en el horizonte, el lobo solitario se quedó de pie, con las cicatrices de su cuerpo brillando bajo la luz. No sabía qué desafíos le esperaban, pero una cosa era segura: seguiría adelante, porque la selva podía quitarle todo, pero no su voluntad de luchar.

> *"He caído antes,"* pensó, *"y me he levantado. Esta vez no será diferente."*

Reflexión:

⇒ ¿Cuántas veces has confiado en alguien que te traicionó? ¿Qué aprendiste de esa experiencia?

⇒ ¿Cómo puedes usar las caídas como una oportunidad para redescubrir tu propia fuerza?

⇒ Las traiciones duelen, pero a menudo nos llevan a lugares mejores. ¿Qué redirecciones puedes encontrar en tu vida?

Capítulo 6

El Salto al Vacío

"Quedarte donde estás es seguro, pero nunca cambiará tu historia. Dar el salto es aterrador, pero siempre te lleva más lejos."

La cima de la colina ofrecía una vista espectacular: ríos que brillaban como plata líquida bajo el sol, montañas que se alzaban majestuosas en la distancia y un bosque denso que parecía interminable. Pero el lobo solitario no podía disfrutar del paisaje. Sus patas temblaban, sus heridas ardían, y su mente estaba dividida entre dos opciones: quedarse donde estaba o seguir adelante.

El viento soplaba fuerte, llevando consigo los ecos de las palabras que lo habían marcado: *"No eres uno de nosotros."* Esas palabras, pronunciadas por el líder de la manada, seguían retumbando en su cabeza. Había confiado, se había permitido creer en un lugar al que podría pertenecer, solo para ser traicionado y abandonado. Ahora, estaba solo de nuevo, y el peso de esa soledad parecía más grande que nunca.

"¿Por qué sigo intentándolo?" pensó mientras observaba el horizonte. *"¿Vale la pena seguir luchando si siempre termino solo?"*

El Cruce de Caminos

A sus pies, un estrecho sendero bajaba serpenteando hacia el bosque. Era el camino más fácil, el más seguro, pero también el que lo llevaría de regreso a donde había estado antes: al terreno conocido donde podría sobrevivir, pero nunca avanzar.

Pero a su derecha, un acantilado se extendía hacia un valle profundo. Desde donde estaba, parecía un salto mortal, un camino sin retorno. Sin embargo, más allá del vacío, el lobo solitario podía distinguir una planicie verde, un lugar que prometía algo diferente, algo que nunca había experimentado.

> *"El bosque me protegerá,"* pensó, mirando el sendero. *"Pero no cambiará nada. Seguiré siendo el mismo, atrapado en los mismos ciclos."* Luego, miró el acantilado. *"El salto podría matarme. Pero también podría llevarme a algo mejor."*

El Debate Interno

El lobo solitario se sentó en el suelo, mirando el vacío. Su mente era un torbellino de pensamientos. Por un lado, el miedo lo paralizaba. ¿Qué pasaría si fallaba? ¿Si el salto lo llevaba a su final? Pero por otro lado, había algo dentro de él, una pequeña voz que le decía que el salto no era el fin, sino un comienzo.

"¿Cuántas veces me he sentido así antes?" pensó. Recordó el río que había cruzado, el abismo de fuego del que había salido, las noches interminables en las que creyó que no sobreviviría. Cada vez que había pensado que no podía más, había encontrado una fuerza que ni siquiera sabía que tenía. *"Si me quedo aquí, siempre me preguntaré qué habría pasado si hubiera saltado,"* se dijo.

Esa idea lo atormentó más que el miedo al vacío. La posibilidad de vivir atrapado en una vida que no quería, una vida segura pero vacía, era peor que cualquier caída.

El Salto

El viento soplaba con más fuerza ahora, como si la selva misma lo empujara a tomar una decisión. El lobo solitario se levantó, sus patas aún débiles pero firmes. Miró hacia el sendero una última vez, luego al acantilado.

> *"Si este es el final, será un final que yo elegí."*

Corrió hacia el borde, sintiendo cómo el aire golpeaba su rostro, cómo cada músculo en su cuerpo gritaba en protesta. Y entonces saltó.

Por un momento, el tiempo pareció detenerse. El vacío lo envolvió, y una oleada de miedo lo atravesó. Pero antes de que pudiera caer en la desesperación, algo cambió. En lugar de sentir que se hundía, sintió que volaba. El viento, que antes parecía un enemigo, ahora lo sostenía.

El lobo solitario cayó en la planicie verde, rodando por el impacto, pero intacto. Su corazón latía con fuerza, y por un momento no pudo moverse, incrédulo de lo que acababa de hacer. Luego, levantó la cabeza y miró a su alrededor.

El lugar era diferente a todo lo que había conocido. Los árboles eran más altos, las aguas más cristalinas, y el aire más fresco. Era un lugar donde podía empezar de nuevo, donde podía ser más que un sobreviviente. En ese momento, entendió algo importante:

> *"El salto no era solo hacia un nuevo lugar. Era hacia una nueva versión de mí mismo."*

La Decisión de Cada Día

Esa noche, bajo un cielo estrellado, el lobo solitario reflexionó sobre lo que había dejado atrás. El camino fácil, la seguridad de lo conocido, el miedo que lo había mantenido atado. Se dio cuenta de que el verdadero salto no había sido físico, sino mental. Había dejado atrás no solo el borde del acantilado, sino también todas las dudas que lo habían limitado.

> *"Cada día es un salto,"* pensó mientras cerraba los ojos. *"Y cada vez que salto, me acerco más a lo que estoy destinado a ser."*

Reflexión:

⇒ ¿Qué sendero estás eligiendo hoy: el fácil y seguro, o el que te desafía a crecer?

⇒ ¿Qué saltos has evitado por miedo al vacío? ¿Cómo sería tu vida si decidieras arriesgarte?

⇒ A veces, el salto más grande que debemos dar no es físico, sino mental. ¿Qué cadenas necesitas romper para empezar de nuevo?

⇒ Ahora piensa: ¿De verdad crees que las cosas cambiarán para mejor quedándote donde estás, atrapado en tu zona de confort? Tal vez sea seguro, pero también es un lugar donde los sueños se marchitan.

⇒ Saltar puede dar miedo; podrías fallar, podrías caer. Pero, ¿no es peor nunca saber lo que habría pasado si hubieras tenido el coraje de intentarlo?

⇒ Porque, al final, la verdadera pregunta no es si vas a fracasar, sino si estás dispuesto a vivir con la incertidumbre de no haber saltado. ¿Qué es lo peor que puede pasar? ¿Qué es lo mejor que podrías ganar?

Capítulo 7
El Primer Éxito

"El verdadero éxito no es llegar a la meta; es tener el coraje de empezar el camino."

El lobo solitario despertó en la planicie verde, rodeado por un paisaje que parecía de otro mundo. Los rayos del sol calentaban su pelaje, y el sonido de un río cercano llenaba el aire con una melodía tranquila. Por primera vez en mucho tiempo, no sentía la amenaza inmediata de un depredador o el peso aplastante de la soledad. Era un momento de calma, pero también de incertidumbre.

"¿Qué hago ahora?" pensó mientras se levantaba. Sus patas aún temblaban tras el salto, y las cicatrices en su cuerpo eran un recordatorio de todo lo que había dejado atrás. Aunque había llegado a este nuevo lugar, sabía que la lucha no había terminado. Ahora tenía que demostrar que merecía estar allí.

La Búsqueda

Durante días, el lobo solitario exploró su nuevo hogar. Descubrió que la planicie verde no era tan segura como parecía. Aunque el terreno ofrecía comida y agua en abundancia, también estaba lleno de nuevos desafíos: depredadores más grandes, trampas naturales y la necesidad constante de adaptarse a un entorno desconocido.

Un día, mientras bebía agua en el río, escuchó un gruñido detrás de él. Giró la cabeza y vio a un oso enorme que lo miraba fijamente. Su corazón comenzó a latir con fuerza, y sus patas se prepararon para correr. Pero algo en su interior le dijo que no lo hiciera.

"Si corro, me perseguirá. Si lucho, podría perder. ¿Qué hago?"

El oso dio un paso hacia él, sus ojos fijos en el lobo. En ese momento, el lobo solitario recordó las palabras del anciano: *"La selva no es tu enemiga. Aprende a escucharla."* En lugar de huir o atacar, bajó la cabeza en señal de respeto, retrocediendo lentamente hacia un arbusto cercano. El oso lo observó por un momento más antes de girar y alejarse.

Por primera vez, el lobo solitario entendió que no todas las batallas se ganan con fuerza. Algunas se ganan con sabiduría.

El Primer Éxito

Una noche, mientras caminaba bajo la luz de la luna, el lobo solitario sintió el olor de una presa cercana. Era un ciervo joven, dormido en la hierba alta. La caza había sido difícil desde que llegó a la planicie; las presas eran rápidas y el terreno desconocido lo ponía en desventaja. Pero esta vez, algo dentro de él le dijo que podía hacerlo.

Se acercó con cuidado, moviéndose tan silenciosamente como el viento. Cada paso era calculado, cada movimiento preciso. Cuando estuvo lo suficientemente cerca, se lanzó con toda su fuerza. El ciervo despertó y trató de escapar, pero el lobo solitario fue más rápido. Con un último esfuerzo, logró atraparlo.

Mientras devoraba su primera comida abundante en días, sintió una mezcla de emociones: gratitud, alivio y orgullo. Había enfrentado el miedo, había aprendido a adaptarse, y finalmente había tenido éxito. Pero más que la comida, lo que realmente le llenaba era la sensación de haber probado que podía sobrevivir, incluso en un lugar desconocido.

"El salto no fue en vano," pensó. "Todo esto tiene un propósito."

La Reflexión

Esa noche, mientras descansaba bajo las estrellas, el lobo solitario recordó todas las veces que había estado al borde de la rendición. Pensó en la trampa de cazador, el abismo de fuego, la traición de la manada.

Cada una de esas pruebas lo había llevado a este momento, a este lugar donde finalmente podía respirar y comenzar de nuevo.

> *"Si no hubiera saltado,"* se dijo, *"aún estaría atrapado en el mismo lugar, viviendo la misma historia."*

Entonces entendió algo que cambió su forma de ver la vida: el éxito no es un lugar al que llegas, sino una serie de decisiones que tomas cada día. Cada vez que eliges seguir adelante, incluso cuando duele, estás logrando un éxito más grande que cualquier meta visible.

El Propósito

Mientras la luna iluminaba la planicie, una nueva pregunta comenzó a formarse en la mente del lobo solitario: *"¿Qué sigue ahora?"* Ya no se trataba solo de sobrevivir. Algo dentro de él le decía que estaba destinado a algo más grande, algo que aún no podía comprender.

> *"Tal vez no soy solo un lobo solitario,"* pensó. *"Tal vez estoy aquí para algo más."*

Con esa idea en mente, el lobo solitario decidió que no volvería a ser el mismo. No permitiría que el miedo dictara su camino ni que las cicatrices de su pasado lo definieran. Este era un nuevo comienzo, y lo aprovecharía al máximo.

Reflexión:

⇒ ¿Qué significa el éxito para ti? ¿Es un lugar al que llegar o un camino que decides recorrer cada día?

⇒ ¿Qué saltos has dado en tu vida que te llevaron a un lugar mejor, aunque al principio no lo entendieras?

⇒ ¿Qué nuevo propósito podrías descubrir si eliges avanzar en lugar de quedarte en lo conocido?

Capítulo 8

Transformando el Hambre

"La selva no cambia por ti. Tú cambias para la selva.
Cada batalla te prepara para la siguiente."

El lobo solitario había empezado a adaptarse a su nueva vida en la planicie verde. Cada día era un desafío, pero con cada amanecer sentía que algo en él se fortalecía. Ya no era el mismo lobo que cayó en trampas o huyó de depredadores sin entenderlos. Ahora, cada cicatriz era una lección y cada desafío, una oportunidad de crecer.

Sin embargo, la selva nunca daba tregua. Era como si observara desde las sombras, esperando el momento exacto para presentar una nueva prueba. Y ese momento no tardó en llegar.

El Rugido de la Tormenta

Una tarde, mientras el lobo solitario exploraba un nuevo territorio, el cielo comenzó a oscurecerse. Las nubes se arremolinaban como una marea negra, y el aire se volvió pesado, cargado de electricidad. Había visto tormentas antes, pero esta era diferente. El viento comenzó a soplar con fuerza, arrancando hojas de los árboles y levantando polvo del suelo.

El lobo solitario miró a su alrededor, buscando refugio. La planicie, que antes parecía un lugar de posibilidades, ahora se sentía como una trampa. No había árboles grandes ni cuevas cercanas. Sólo él, el viento y la inminente tormenta.

"Debo moverme," pensó, recordando las palabras del
anciano: "La selva siempre te pone a prueba, pero también te
da señales."

Mientras avanzaba, sintió cómo las primeras gotas de lluvia caían sobre su pelaje. El sonido del trueno era ensordecedor, y cada relámpago iluminaba el horizonte, revelando un paisaje que parecía cada vez más hostil. Pero el lobo solitario no se detuvo. Había aprendido que quedarse quieto era el camino más rápido hacia el fracaso.

El Valle Inundado

Mientras corría, llegó a un valle que había atravesado días antes. En aquel momento, el terreno estaba seco, pero ahora se había convertido en un río furioso. La tormenta había transformado el paisaje en cuestión de horas, y lo que antes era un paso fácil ahora era un obstáculo mortal.

El lobo solitario se detuvo al borde del agua, mirando la corriente. Podía escuchar el rugido del agua y sentir la fuerza con la que golpeaba contra las rocas. *"No puedo cruzar,"* pensó, pero entonces miró hacia atrás y vio que el terreno comenzaba a inundarse. No había vuelta atrás.

"Esto es igual que el salto," se dijo. *"No puedo quedarme aquí. Debo avanzar."*

Sin pensarlo más, se lanzó al agua. La corriente lo golpeó con fuerza, arrastrándolo hacia abajo. Por un momento, sintió que no podría salir. El agua lo envolvía, empujándolo contra las rocas, y cada respiración era una lucha. Pero entonces recordó todas las veces que había enfrentado lo imposible: la trampa del cazador, el abismo de fuego, la traición de la manada.

"He sobrevivido antes. Puedo sobrevivir ahora."

Con esa determinación, comenzó a nadar contra la corriente. Cada movimiento era un desafío, pero también una victoria. Finalmente, después de lo que parecieron horas, logró alcanzar la otra orilla. Exhausto, se dejó caer en el suelo, jadeando, pero vivo.

La Transformación

Mientras descansaba, algo dentro de él comenzó a cambiar. La tormenta seguía rugiendo, pero ya no la veía como un enemigo. Ahora entendía que cada batalla no era más que una preparación para la siguiente. La selva no intentaba destruirlo; intentaba moldearlo.

> *"No puedo controlar la tormenta,"* pensó. *"Pero puedo controlar cómo respondo a ella."*

El lobo solitario se levantó, con las patas aún temblorosas, pero con una nueva fuerza en su mirada. Ya no era un lobo que simplemente reaccionaba a los desafíos. Ahora era un lobo que aprendía de ellos, que los usaba como herramientas para volverse más fuerte.

La Lección del Fuego

Mientras la tormenta comenzaba a amainar, el lobo solitario recordó las palabras del anciano: *"El hambre no es tu enemigo; es tu aliado. Te empuja a moverte, a luchar, a crecer."*

Por primera vez, comprendió completamente lo que esas palabras significaban. El hambre que sentía no era sólo física; era un hambre de superación, de descubrimiento, de propósito. Y cada prueba que enfrentaba, por dura que fuera, era una oportunidad para transformar ese hambre en acción.

> *"La selva no se vuelve más fácil,"* pensó. *"Pero yo me vuelvo más fuerte."*

Preparado para lo Que Viene

Cuando finalmente salió del valle, el lobo solitario miró hacia adelante. Sabía que la selva aún tenía mucho que enseñarle, que los desafíos nunca desaparecerían. Pero ya no temía lo desconocido. Ahora veía cada tormenta, cada río y cada depredador como una parte esencial de su viaje.

> *"No sé qué vendrá después,"* pensó, *"pero estoy listo."*

Mientras el sol comenzaba a salir, iluminando el paisaje con un resplandor dorado, el lobo solitario continuó su camino. Cada paso era una declaración de su voluntad de seguir, no importa cuán difícil fuera el camino.

Reflexión:

⇒ ¿Qué tormentas has enfrentado en tu vida? ¿Cómo te han moldeado?

⇒ ¿Qué lecciones has aprendido de tus caídas que ahora te preparan para lo que viene?

⇒ La vida no se vuelve más fácil, pero tú seimpre te vuelves más fuerte. ¿Cómo puedes usar lo que has vivido hasta hoy para enfrentar lo que está por venir?

Capítulo 9

El Valle de las Sombras

"El miedo no desaparece. Aprendes a caminar con él."

El lobo solitario había enfrentado ríos furiosos, tormentas implacables y batallas desgarradoras. Cada desafío lo había dejado con cicatrices, pero también con un espíritu más fuerte. Ahora, mientras avanzaba hacia una nueva región de la selva, sentía que algo grande estaba por venir. No sabía qué era, pero su instinto le decía que debía estar preparado.

El sol comenzaba a ponerse cuando llegó a un valle cubierto de niebla. Era un lugar extraño, donde el aire estaba pesado y el silencio era absoluto. Los árboles se alzaban como gigantes en la penumbra, y las sombras parecían moverse, como si tuvieran vida propia.

"Esto no se parece a nada que haya visto antes," pensó el lobo solitario, mientras se detenía en el borde del valle. Algo en ese lugar le ponía los pelos de punta, pero sabía que no podía quedarse donde estaba. Había aprendido que la única forma de avanzar era atravesar el miedo, no evitarlo.

La Entrada a lo Desconocido

Con pasos cautelosos, el lobo solitario descendió al valle. La niebla lo envolvía, dificultando su visión. Cada crujido de una rama bajo sus patas parecía resonar como un trueno, y cada sombra parecía esconder un depredador. Su corazón latía con fuerza, pero seguía adelante, recordando las palabras del anciano:

"El miedo no es tu enemigo; es tu aliado. Te muestra dónde debes crecer."

Mientras avanzaba, comenzó a notar algo extraño. El suelo estaba lleno de huesos, esparcidos como señales de advertencia. Algunos eran pequeños, de presas comunes, pero otros eran más grandes, demasiado grandes. No podía evitar preguntarse qué tipo de criatura podría haberlos dejado allí.

"Este lugar está lleno de historias," pensó, *"pero no quiero convertirme en una de ellas."*

El Rugido en la Oscuridad

De repente, un rugido profundo rompió el silencio. Era un sonido que parecía venir desde el fondo mismo de la tierra, un gruñido que hacía temblar el aire. El lobo solitario se congeló, sus patas clavadas en el suelo mientras su mente luchaba entre huir o quedarse.

"Esto no es como el oso," pensó. *"Esto es algo diferente."*

El rugido se acercaba, acompañado de pasos pesados que hacían vibrar el suelo. La niebla se movía como si algo enorme la empujara, y cada fibra del cuerpo del lobo solitario le gritaba que corriera. Pero en lugar de huir, recordó todo lo que había aprendido. Respiró hondo, tratando de calmar su mente.

"Si corro, soy presa. Si enfrento esto, puedo aprender."

Con un esfuerzo titánico, el lobo solitario se obligó a avanzar, moviéndose hacia el sonido en lugar de alejarse. Cada paso era una batalla contra su instinto de supervivencia, pero sabía que este momento definiría quién era realmente.

El Enfrentamiento

La niebla se abrió de golpe, revelando una criatura inmensa. Era un tigre de pelaje oscuro, con cicatrices que cruzaban su rostro y ojos que brillaban como brasas. Era más grande que cualquier depredador que el lobo solitario había enfrentado antes, y en sus ojos había una mezcla de hambre y desafío.

El tigre lo observó, moviéndose en círculos como si estuviera evaluando su presa. El lobo solitario sabía que no podía ganar esta batalla con fuerza. Tenía que usar todo lo que había aprendido.

> *"No soy el más fuerte,"* pensó, *"pero he sobrevivido cosas que otros no podrían. Esto no será diferente."*

El tigre se lanzó hacia él, y el lobo solitario reaccionó en el último segundo, esquivando por poco el golpe. La batalla comenzó, no solo con dientes y garras, sino con astucia. Cada vez que el tigre atacaba, el lobo solitario encontraba una manera de evadirlo, usando el terreno a su favor. Lo llevaba hacia ramas caídas, rocas resbaladizas, cualquier cosa que pudiera ralentizar al gigante.

Aunque estaba agotado, no se detuvo. Cada movimiento era una declaración de su voluntad de vivir, una prueba de que estaba determinado a no a rendirse. Finalmente, tras lo que parecieron horas, el tigre se detuvo. Su respiración era pesada, y en sus ojos había algo que el lobo solitario no esperaba: respeto.

Sin decir nada, el tigre dio media vuelta y desapareció en la niebla.

La Victoria Interior

El lobo solitario se dejó caer al suelo, temblando de cansancio. Había enfrentado su mayor miedo y había salido con vida. Pero más que la victoria física, lo que realmente lo llenaba era la sensación de haber superado una barrera interna.

> *"No era el tigre lo que me aterraba,"* pensó. *"Era el miedo a no ser suficiente. Pero lo soy. Siempre lo he sido."*

Mientras la niebla comenzaba a disiparse y las primeras luces del amanecer iluminaban el valle, el lobo solitario entendió que este lugar, con todas sus sombras y desafíos, no era solo una prueba. Era una lección. Le había enseñado que no importa cuán grande sea el enemigo, siempre hay una forma de enfrentarlo si usas lo que has aprendido.

> *"La selva siempre será peligrosa,"* se dijo, *"pero yo siempre estaré listo."*

Con una nueva confianza en su corazón, el lobo solitario se levantó y continuó su camino, sabiendo que cada paso lo llevaba más cerca de su propósito.

Reflexión:

⇒ ¿Qué sombras estás enfrentando en tu vida? ¿Qué lecciones te están enseñando?

⇒ El miedo no desaparece, pero puedes aprender a caminar con él. ¿Qué harías si no dejaras que el miedo te detuviera?

⇒ A veces, nuestros mayores enemigos no están afuera, sino dentro de nosotros. ¿Cómo puedes usar lo que has aprendido para enfrentarlos?

Capítulo 10

El Pico de los Desafíos

*"Los más altos picos no existen para detenerte.
Existen para mostrarte lo lejos que puedes llegar."*

La niebla del valle había quedado atrás, pero el lobo solitario no sentía alivio. A lo lejos, una nueva prueba lo esperaba: una montaña imponente que se alzaba hasta tocar el cielo. Su cumbre estaba envuelta en nubes, como si la selva misma quisiera ocultar lo que había más allá. Desde su base, parecía imposible de escalar.

El lobo solitario sabía que no tenía elección. Si quería continuar, tendría que subir. No había otro camino.

"Esto no es diferente de los otros desafíos," se dijo. Pero una parte de él sabía que esta montaña no era como las pruebas anteriores. Algo en su corazón le decía que esta sería su mayor batalla.

El Inicio de la Escalada

Con pasos firmes, el lobo solitario comenzó a ascender. Al principio, el terreno era irregular pero manejable. Las rocas eran estables, y el viento apenas se sentía. Pero a medida que subía, el paisaje comenzó a cambiar. El suelo se volvió más resbaladizo, y las grietas en las rocas se hicieron más profundas. Cada paso requería un esfuerzo titánico, y cada resbalón le recordaba lo peligroso que era ese lugar.

El viento, antes un susurro, ahora era un rugido que golpeaba su cuerpo con fuerza. Sentía cómo intentaba empujarlo hacia atrás, como si la montaña misma quisiera detenerlo.

*"No es el viento lo que me detendrá," pensó. "Es mi
voluntad lo que me llevará a la cima."*

Las Sombras del Pasado

Mientras seguía subiendo, algo extraño comenzó a suceder. El lobo solitario escuchó voces. Al principio, eran susurros que se perdían entre el viento, pero pronto se hicieron más claras. Eran voces familiares, ecos de su pasado que lo llamaban desde las sombras.

"¿Recuerdas cuando fallaste?"

decía una voz.

"¿Y cuando te traicionaron?"

decía otra.

"¿Crees que esta vez será diferente?"

El lobo solitario se detuvo, sintiendo cómo esas palabras pesaban sobre él como rocas en su espalda. Cada paso que había dado en su vida, cada caída, cada cicatriz, parecía volver para recordarle sus fracasos. Era como si la montaña estuviera tratando de convencerlo de que no valía la pena continuar.

"No son reales," se dijo, cerrando los ojos. *"Son solo sombras."*

Entonces, recordó algo que el anciano le había dicho:

"La selva te desafía desde afuera, pero la batalla más grande siempre está dentro de ti."

Con un rugido que resonó por toda la montaña, el lobo solitario enfrentó esas voces. *"¡No soy lo que he fallado! ¡Soy lo que he superado!"* gritó, y con un nuevo impulso, continuó su ascenso.

La Tormenta

A medida que se acercaba a la cumbre, la montaña mostró su verdadera cara. Una tormenta comenzó a formarse, oscureciendo el cielo y cubriendo todo con una neblina fría y pesada. El viento ahora era un enemigo feroz, y cada paso parecía un enfrentamiento directo con la naturaleza.

El lobo solitario luchaba por mantener el equilibrio. Sus patas resbalaban, y su cuerpo estaba al borde del colapso. Pero cada vez que pensaba en detenerse, una imagen aparecía en su mente: la cima. Esa visión era suficiente para mantenerlo en movimiento.

"Si me detengo ahora, nunca sabré lo que hay allí arriba,"
pensó. *"Y no vine hasta aquí para rendirme."*

Con cada paso, sentía cómo su cuerpo se debilitaba, pero su espíritu se fortalecía. Cada resbalón, cada golpe del viento, era una prueba más de su determinación.

La Cima

Finalmente, tras lo que parecieron días de lucha, el lobo solitario alcanzó la cumbre. La tormenta comenzó a disiparse, y los rayos del sol atravesaron las nubes, bañando la montaña con una luz dorada. Desde allí, la vista era indescriptible. Podía ver todo lo que había dejado atrás: el valle, la selva, los ríos, e incluso las cicatrices de su propio camino.

Pero más allá de eso, veía algo más. Veía el futuro. Veía lo que era capaz de lograr si seguía adelante. Y por primera vez, entendió que la cima no era el final. Era solo el comienzo.

"No escalé esta montaña para quedarme aquí," pensó.
"Escalé esta montaña para ver lo que soy capaz de hacer."

Mientras la brisa acariciaba su pelaje y la luz del sol calentaba su cuerpo, el lobo solitario cerró los ojos y respiró profundo. Por un momento, no había dolor, ni miedo, ni dudas. Sólo gratitud. Gratitud por haber tenido el coraje de enfrentar lo imposible.

La Decisión

Después de un rato, el lobo solitario abrió los ojos y miró hacia adelante. Sabía que no podía quedarse en la cima para siempre. Había más caminos que recorrer, más montañas que escalar. La cima no era un lugar para quedarse; era un lugar para recordar de qué estaba hecho.

Con una última mirada al horizonte, el lobo solitario comenzó a descender. No con miedo, sino con confianza. Porque ahora sabía que no importaba cuántas montañas vinieran después; ya había demostrado que podía conquistarlas.

"La selva no es mi enemiga," pensó. "Es mi maestra. Y estoy listo para aprender más."

Reflexión:

⇒ ¿Cuál es tu montaña? ¿Qué te detiene de empezar a escalarla?

⇒ ¿Qué voces del pasado te siguen susurrando al oído? ¿Cómo puedes enfrentarlas y avanzar?

⇒ Recuerda: la cima no es el final. Es sólo el lugar donde descubres lo que eres capaz de lograr.

Capítulo 11

El Regreso del Lobo Solitario

*"El lobo solitario no se queda solo para siempre.
Aprende en la soledad para servir en la manada."*

El lobo solitario había descendido de la montaña con una nueva claridad en su corazón. Durante mucho tiempo, había caminado solo, enfrentando pruebas que lo desafiaron hasta los huesos, forjando en él una fuerza que no sabía que poseía. Pero mientras cruzaba la selva una vez más, sintió algo diferente. Esta vez, el peso de la soledad no era el mismo. No porque ya no estuviera solo, sino porque ahora entendía que la soledad había sido su maestra, no su enemiga.

Miró hacia el cielo, donde las estrellas comenzaban a aparecer, y recordó todas las veces que había hablado con Dios en los momentos más oscuros. Había orado en los abismos, bajo las tormentas, en medio del hambre y del dolor. Cada palabra, cada lágrima derramada, lo había acercado más a algo que no podía ver, pero que siempre había sentido: una fuerza que lo sostenía incluso cuando todo lo demás parecía derrumbarse.

"No caminé solo," pensó. "Dios siempre estuvo conmigo."

El Encuentro con la Manada

Una noche, mientras descansaba cerca de un río, escuchó algo que no había escuchado en mucho tiempo: aullidos. Era una manada de lobos, moviéndose al unísono bajo la luz de la luna. El lobo solitario se levantó y los observó desde la distancia. Algo dentro de él quería acercarse, pero otra parte le recordó todas las veces que había sido rechazado, traicionado, abandonado.

"¿Y si no pertenezco?" pensó.

Pero esta vez, algo era diferente. Ya no era el lobo inseguro que buscaba aprobación o un lugar donde encajar. Ahora sabía quién era, sabía de qué estaba hecho. No necesitaba la aceptación de la manada para validar su valor. Y, sin embargo, sabía que su camino lo había llevado hasta aquí por una razón.

Con pasos firmes, se acercó a la manada. Los lobos lo miraron con curiosidad, pero no con hostilidad. Uno de ellos, un lobo mayor con cicatrices en el rostro, se le acercó. En lugar de desafiarlo, inclinó ligeramente la cabeza, como si reconociera algo en el lobo solitario que los demás no podían ver.

"Eres diferente," parecía decirle con la mirada. "No estás aquí para seguirnos. Estás aquí para liderarnos."

El Llamado del Líder

Con el tiempo, el lobo solitario se convirtió en parte de la manada. Pero no como un lobo cualquiera. Su experiencia, sus cicatrices y su fe lo convirtieron en alguien a quien los demás miraban en busca de guía. Cuando los depredadores acechaban, él era el primero en enfrentarlos. Cuando las tormentas golpeaban, él mostraba el camino hacia el refugio. Y cuando el hambre se apoderaba de todos, él les recordaba que siempre había una manera de salir adelante.

"No soy el más fuerte," les decía. "Pero he aprendido que la fuerza no está en los músculos. Está en el corazón, y en no rendirse, no importa lo que enfrentes."

Pero lo que más le importaba no era la manada en sí, sino aquellos que dependían de él. En ese tiempo, formó una familia propia. Una compañera con la que compartió su vida y crías a las que prometió proteger con todo lo que tenía. Ahora entendía que todas las pruebas, todo el dolor y cada cicatriz tenían un propósito: prepararlo para ser el líder y protector que siempre estuvo destinado a ser.

"La manada puede ir más lejos unida," pensó. *"Pero es la familia el corazón que nos mantiene en movimiento."*

Las Nuevas Responsabilidades

Ser líder no era fácil. Con cada nueva capacidad venían mayores responsabilidades. Ya no podía pensar solo en sí mismo. Cada decisión que tomaba afectaba no solo a su familia, sino a toda la manada. Pero en lugar de temer esas responsabilidades, las abrazó. Sabía que el lobo que había sido en el pasado no habría podido cargar con ese peso. Solo el lobo que había sido forjado en el fuego, el hambre y la soledad podía hacerlo.

Y aunque ahora tenía compañía, nunca olvidó las lecciones de la soledad. Sabía que siempre habría momentos en los que tendría que caminar solo, momentos en los que las decisiones difíciles recayeran únicamente sobre él. Pero ahora sabía que esos momentos no eran un castigo. Eran una oportunidad para crecer aún más, para volverse más fuerte, para servir mejor.

"Cada prueba fue necesaria," pensó. *"Porque me preparó para ser quien soy hoy."*

El Último Aullido

Una noche, bajo una luna llena, el lobo solitario llevó a su manada a la cima de una colina. Desde allí, podían ver toda la selva: los ríos, las montañas, los valles que él había cruzado solo. Miró a su familia, a su manada, y luego al cielo.

"Nunca pensé que llegaría aquí," pensó. *"Pero Dios siempre lo supo."*

Con un aullido que resonó por toda la selva, el lobo solitario declaró su lugar en el mundo. Ya no era el lobo solitario que vagaba sin rumbo. Era un líder, un protector, un guía. Y sabía que, aunque el camino siempre sería difícil, estaba listo para enfrentarlo.

Porque la selva nunca se vuelve más fácil. Pero los lobos fuertes siempre encuentran una manera de avanzar.

El Hambre que Forja

Antes de descender de la colina, el lobo solitario miró una vez más hacia la vastedad de la selva. Fue en ese momento que entendió la importancia del hambre que lo había guiado todo este tiempo. No era solo el hambre física, sino el hambre de vivir, de luchar, de reinventarse. Cada cicatriz en su cuerpo, cada prueba superada, le recordaban que no habría descubierto su verdadera fuerza si se hubiera rendido.

La comodidad de la manada donde nació era tentadora, pero también era una prisión. Si no hubiera tenido el coraje de dejar atrás el cobijo de la manada, de enfrentar los desafíos de la selva, jamás habría conocido de qué estaba hecho realmente. Fue en el vacío, en el dolor, en el hambre, donde encontró las herramientas para convertirse en quien siempre estuvo destinado a ser.

"El salto hacia lo desconocido puede asustar," pensó, *"pero el verdadero fracaso está en no intentarlo. Si no te lanzas, nunca sabrás si podrías haber volado."*

El lobo solitario comprendió que, al final, el hambre y la adversidad no eran enemigos. Eran los fuegos que lo habían forjado, que le habían dado el poder de avanzar y la sabiduría para guiar. Con esa certeza, bajó la colina, liderando a su manada con pasos firmes, porque ahora sabía que, aunque el camino estuviera lleno de desafíos, estaba preparado para enfrentarlos.

Reflexión:

⇒ ¿Cuántas veces has sentido que las pruebas de la vida acabarían contigo? Y sin embargo, aquí estás, con cicatrices que cuentan historias de tu fortaleza.

⇒ ¿Eres consciente de que cada herida te ha moldeado para ser quien eres hoy?

⇒ Piensa en tus experiencias más difíciles. ¿Cómo puedes transformar ese dolor, esa lucha, en una fuerza capaz de inspirar, servir y guiar a otros? Porque tus batallas no fueron en vano; son el testimonio de tu capacidad para resistir y ayudar a otros a resistir también.

⇒ Recuerda esto: caminar solo no es un castigo, es un privilegio. Es en esos momentos de soledad donde descubres tu esencia, donde tu verdadero yo emerge, y donde entiendes que el líder no nace en la comodidad, sino en la adversidad. ¿Qué estás dispuesto a hacer para proteger y cuidar a quienes amas?

⇒ Y finalmente, pregúntate: ¿Qué legado estás construyendo? ¿Qué historia quieres que cuenten tus cicatrices? No temas el salto hacia lo desconocido, porque ahí es donde está tu grandeza. No estás solo. Cada paso que das, cada batalla que libras, te acerca más a ese lobo fuerte, resiliente y líder que llevas dentro. Ahora es tu momento de aullar con fuerza y reclamar tu lugar en la selva de la vida.

El Regreso del Lobo Solitario   El Poder del Hambre

Epílogo
Renacer de las Sombras

"Para volver más fuerte, a veces primero necesitas desaparecer. En el silencio, te encuentras. En el renacimiento, te transformas."

La selva amanecía tranquila. La luz del sol atravesaba las hojas, dibujando sombras y destellos en el suelo. El lobo solitario, ahora un líder, observaba desde la distancia mientras su manada se movía en armonía. Cada miembro sabía su lugar, cada paso tenía un propósito. Pero el lobo solitario sabía que llegar hasta este punto no había sido fácil.

Recordó los días en que había caminado solo, herido y sin rumbo. Recordó las veces que la selva lo había golpeado con todo lo que tenía, llevándolo al borde de la rendición. Había momentos en que pensó que nunca encontraría su propósito, que nunca sería suficiente. Pero ahora entendía que esos momentos no eran el fin; eran el principio.

"La selva no me destruyó," pensó. *"Me transformó."*

La Lección de la Soledad

Desaparecer había sido necesario. Había momentos en los que tuvo que alejarse de todo, no porque fuera débil, sino porque necesitaba reencontrarse. En el silencio, había descubierto quién era realmente. En la soledad, había aprendido a escuchar la voz de Dios, que le decía una y otra vez:

> *"No estás solo. Esto no es el final. Esto es el proceso que te preparará para lo que viene."*

El lobo solitario sabía que desaparecer no era huir. Era un acto de valentía, una decisión de dejar atrás lo que ya no servía para construir algo nuevo. En ese tiempo, había llorado, había caído y había cuestionado todo. Pero también había crecido, había sanado y se había reinventado.

> *"El silencio fue mi maestro,"* pensó. *"Y el hambre fue mi motor."*

El Regreso

Cuando finalmente volvió a la manada, no era el mismo lobo que se había marchado. Había regresado con cicatrices que contaban historias, con una fuerza que no podía ser quebrada y con un propósito que brillaba como el sol. Ahora entendía que todo lo que había vivido tenía un propósito: prepararlo para servir, para liderar, para proteger.

> *"Desaparecer no me hizo menos,"* pensó. *"Me hizo más."*

Un Mensaje para Ti

La vida es una selva. Habrá momentos en los que te sentirás perdido, momentos en los que parecerá que el mundo te ha olvidado. Pero esos momentos no son el fin. Son el terreno fértil donde creces. A veces, necesitas desaparecer. Necesitas alejarte de las voces externas, de las expectativas de los demás, de tus propios miedos. Porque en el silencio es donde encontrarás las respuestas. En el vacío es donde Dios habla más fuerte.

Desaparecer no es rendirse. Es un acto de fe. Es confiar en que el proceso, aunque doloroso, te llevará a un lugar mejor. Y cuando vuelvas, no serás el mismo. Volverás más fuerte, más sabio, más decidido. Volverás con un propósito que nadie podrá quitarte.

El Camino Continúa

El lobo solitario se levantó y miró al horizonte. Sabía que aún quedaban muchas pruebas por venir. La selva nunca se detendría. Pero tampoco él. Cada batalla que enfrentara, cada montaña que escalara, lo haría más fuerte, no solo por él, sino por su familia y por la manada que confiaba en él.

> *"No soy el lobo que fui," pensó. "Soy el lobo que siempre estuve destinado a ser."*

Con pasos firmes, se adentró en la selva una vez más, no con miedo, sino con confianza. Sabía que el camino sería difícil, pero también sabía que estaba preparado. Porque a veces, desaparecer es necesario. Y renacer es inevitable.

Reflexión:

⇒ ¿Qué partes de tu vida necesitas dejar atrás para crecer? ¿Qué pasos puedes dar para reinventarte?

⇒ Recuerda: desaparecer no es huir. Es prepararte para regresar más fuerte.

⇒ ¿Qué propósito te está llamando? ¿Cómo puedes usar tus pruebas pasadas para construir el futuro que deseas?

DEREK

Este nombre que ves arriba es el nombre de mi campéon, mi hijo pequeño (4 años en este momento y empieza a aprender las letras). Cuando finalizaba el libro el se me acercó y me preguntó que hacía, yo le dije que terminaba de escibir un libro, a lo que el me preguntó para qué? Y le respondí: Para poder ayudar y motivar a las personas a sacar lo mejor de sí y a no rendirse en la vida, y el me dijo: yo también quiero escribir... Y le dije: empieza ahora: y el se acercó y empieza a buscar las letras de su nombre y comienza una por una a escribir las letras de su nombre y no las quise borrar, para que cuando crezca sepa que todo comienza dando ese primer paso.

El ya comenzó, y tú, ya diste ese primer paso?

www.ingramcontent.com/pod-product-compliance
Lightning Source LLC
Chambersburg PA
CBHW020521030426
42337CB00011B/498